Come diventare un influencer Instagram, e guadagnare soldi.
Il segreto

Cristian Falconi

Cristian Falconi

Copyright © 2019 Cristian Falconi

Tutti i diritti riservati.

INDICE

1	Che cosa è Instagram	N pag. 4
2	Chi è un'influencer	N. pag. 6
3	Cosa fa un influencer	N. pag. 9
4	Come e quanto guadagna un influencer	N. pag. 12
5	Come diventare un influencer, e qual è il segreto per diventarlo	N. pag. 15
6	Lista di Hashtag più famosi divisi per nicchie	N. pag. 22
7	Conclusioni	N. pag. 45

Cristian Falconi

Che cosa è Instagram

-capitolo-
1

Prima di tutto iniziamo a spiegare che cos'è Istagram, questo sia per chi non lo conoscesse, e sia perché bisogna capirne bene il meccanismo e lo scopo, e per capirlo bene bisogna avere ben in mente cosa sia, quindi anche se tu lo conosci leggi bene comunque questo capitolo, perché ogni capitolo è importante per la tua crescita.

Ormai esistono veramente molti social, abbiamo Tweetter, un social nato per esprimere dei pensieri in un tweet, ovvero dei testi con caratteri limitati.

Abbiamo Facebook, il conosciutissimo Social per eccellenza, che ci consente di connetterci alle persone che conosciamo e che conoscevamo un tempo ma che con il tempo ci si era persi di vista, e molti altri ancora.

Come vedi ogni social ha un proprio scopo, se cosi' non fosse il social non esisterebbe, è importante avere lo scopo preciso di un social, altrimenti non ci si può distinguere dagli altri social, quindi Instagram perché è nato ? qual è il suo scopo ?

Instagram nasce per condividere attimi della propria vita con una fotografia, ed una descrizione, o anche piccoli video, infatti instagram nasce proprio per questo, solo per condividere foto e video, non esiste una bacheca stile Facebook, dove puoi soltanto scrivere i tuoi pensieri, ma devi necessariamente condividere una fotografia.

Instagram è il social per eccellenza nel suo settore delle fotografie e video, infatti da molti strumenti al riguardo, sia per i video che per le foto, ma di questo ne parleremo nei prossimi capitoli.

Chi è un influencer

-capitolo-
2

L'influencer è colui che con un suo post può influenza la massa, questa è la definizione corretta, da qui si capisce che importanza abbia un influencer, per cui bisogna sempre stare attenti a cosa si condivide quando si è influencer.

Ma chi è esattamente un'influencer ?

È una persona che su uno o più social, in questo caso Instagram detiene moltissimi follower, quindi un suo post può influenzare la massa perché lo seguono in molti, ad esempio, il tuo modo di vestire, il taglio di capelli, o la sua nuova macchina ecc.

E per questo nasce un business dietro agli Influencer, ma di questo ne parleremo nei prossimi capitoli.

Quindi ricapitolando, gli Influencer sono quelle persone che vengono seguiti da molte persone, spesso perché fanno parte di una nicchia, ad esempio, la maggior parte delle donne trattano argomenti come moda e trucco, oppure per gli uomini le automobili, o lo sport, e molto altro.

Sicuramente è importante avere in mente una nicchia, proprio perché grazie ad essa poi le persone ci seguiranno in che modo ? bè questo ne parleremo nei prossimi capitoli, ora quello che mi preme è farti capire bene la figura di Influencer, che sicuramente è una bella immagine, per due motivi,

1. Perché sei famoso, apprezzato "anche se avrai anche delle critiche ma quello è normale lo avremmo sempre ed in ogni campo non possiamo piacere a tutti"
2. Ti chiameranno per fare film, fare autografi, o fare quello che fai nella tua nicchia, ad esempio se tratti argomenti di automobili, magari ti chiameranno grandi case automobilistiche per fare delle prove con le loro nuove auto e farci dei video e delle foto

     per poi pubblicarle sul tuo social
3. Perché ti consente di guadagnare bene ma davvero bene in base al numero dei tuoi follower ovviamente

Ma come si guadagna ? questo ne parleremo nei prossimi capitoli.

La cosa però importante da sottolineare è che, si sicuramente ci sono molti aspetti positivi nella figura di Influencer, ma ci sono anche molte responsabilità, ogni tuo commento, o post, può influenzare centinaia e migliaia di persone, per cui bisogna sempre pesare ciò che si dice e ciò che si condivide, cito una frase di un noto film americano

" Da un grande potere derivano grandi responsabilità "

Niente di più vero, è esattamente così.

Ti ho illustrato cosa è un Influencer, ed ora penso tu abbia ben in chiaro di quello che fa ora nei prossimi capitoli scopriremo come guadagna, ma soprattutto come diventare Influencer, e qual è il segreto per diventarlo

Cosa fa un influencer

-capitolo-
3

Fare l'influencer sembra sicuramente facile, ma non lo è, è un vero e proprio lavoro, ecco cosa fa un Influencer.

Un influencer crea contenuti interessanti per la propria nicchia, se vogliamo semplificare molto la cosa possiamo dire in poche parole che scatta fotografie e crea video interessanti da pubblicare poi su Instagram, ma dire una cosa del genere è molto riduttivo, perché in realtà un'Influencer fa molto di più, non puoi pensare di pubblicare una cosa qualsiasi, quando scatti una fotografia ad esempio devi sapere cosa vuoi trasmettere, ti faccio un esempio concreto.

Se per esempio vuoi far vedere ai tuoi follower un orologio che magari stai sponsorizzando "poi parleremo bene nei prossimi capitoli su questo argomento sponsorizzazione".

Se fai una foto del genere devi chiaramente creare un focus sull'orologio, ma senza apparire troppo scontato che lo stai mostrando, quindi va fatto un vero e proprio studio al riguardo, va capito come fare per creare il giusto contenuto, per creare interesse, far vedere il prodotto, ma senza far capire troppo che è una sponsorizzazione, e questo non è da poco.

Molti si affidano a fotografi professionisti, perché quello che voi vedete una "semplice fotografia" in realtà dietro c'è un mondo, fatto da

- Composizione fotografica
- Tema
- Focus
- La giusta descrizione

- Hashtag
- Inquadratura
- Colori
- Abbigliamento
- Se fatta all'esterno bisogna capire il giusto orario di quando farla
- Valutare bene il dove farla
- E molto altro ancora

Quindi come vedi sembra semplice, ma è molto impegnativo, anche perché ogni giorno devi pensare a nuovi contenuti, ma sicuramente tutto questo sforzo è ben ripagato.

Come e quanto guadagna un influencer

-capitolo-
4

Siamo arrivati forse all'aspetto che interessa molte persone, molti pensano che la maggior parte degli Influencer lo fanno per passione, in parte è vero sicuramente all'inizio lo fai per passione perché non ci guadagni 1 euro, ma dopo diventa un lavoro a tutti gli effetti, e come ogni lavoro devi essere retribuito in che modo ? ora ti illustrerò alcuni metodi di guadagno:

1. Farsi pagare da un'azienda per fare un post con il prodotto dell'azienda, ad esempio un'orologio come abbiamo fatto l'esempio prima, oppure una maglietta, un rossetto, una macchina, ecc.
2. Guadagnare con le affiliazioni, ad esempio Amazon che è il più grande Ecommerce al mondo offre l'affiliazione, ovvero: l'influencer vede un prodotto che gli piace, lo compra, e ci fa dei selvi o dei shooting, mettendo in descrizione o nella biografia del profilo il proprio link di affiliazione di quel prodotto, così quando qualcuno acquisterà quel prodotto tramite il suo link l'influencer ci guadagna una percentuale.
3. Vendere un proprio prodotto

L'influencer come vedete hanno vari metodi di guadagno, io te ne ho elencate solo 3 che sono le principali, un Influencer può guadagnare da uno di essi o da tutti e tre.

Quando sei un'influencer sei un'imprenditore, e non hai limiti al guadagno ti faccio alcune stime di quanto guadagna una persona che ha molti seguaci:

Grumpy Cat, il micio più famoso del web, avete capito bene, qualcuno ha realizzato un profilo per questo gatto, è seguito da 2.500.000 di follower, e più o meno il guadagno stimato a post è tra i: 4.000$ a 7.000$.

Mentre la nota e famosissima ormai Chiara ferragni la moglie del celebre rapper Fedez, vanta più di 13.000.000 di follower ed il guadagno stimato a post è tra i: 17.000€ ed i 29.000€.

Sono numeri sicuramente impressionanti, che per molti potrebbero apparire come soldi "facili" ma avete visto dai capitoli precedenti il lavoro che c'è dietro, e soprattutto bisogna arrivarci, ed all'inizio non si guadagna nulla.

Nei prossimi capitoli capiremo come arrivarci e quale sia il segreto per arrivarci.

Come diventare un influencer, e qual è il segreto per diventarlo

-capitolo-
5

Siamo arrivati ad una dei capitoli più importanti del libro, abbiamo visto chi è un Influencer, come lavora, come guadagna e quanto guadagna, ma prima di avere al guadagno dobbiamo arrivare ai numeri, e come ci arriviamo ?! in questo capitolo ti svelerò il segreto, ma parto con il dire una premessa, non esiste formula magica che da un giorno all'altro hai milioni di follower, esiste solo costanza e duro lavoro, ma all'obiettivo ci arriverai senza dubbio.

Uno delle regole fondamentali per avere più follower è sicuramente condividere ALMENO 1 volta al giorno un contenuto diverso, quindi una proprio fotografia, o un disegno o illustrazione fatta al Pc, insomma qualsiasi cosa "ovviamente inerente alla vostra nicchia".

Ma non basta pubblicare 1 foto al giorno, infatti se noi pubblichiamo anche molte foto/post al giorno, ma abbiamo 0 follower non le vedrà nessuno, quindi come fare ad acquisire nuovi follower ?!

Il modo più comune e soprattutto vincente sono gli Hashtag, ma che cosa sono ?

Ti spiego subito, gli Hashtag sono come delle stanze dove chiunque sotto il proprio post inserisce quella Hashtag appare, ad esempio se io inserisco l' Hashtag #automobile "e ricordiamo che Hashtag va preceduto dal simbolo cancelletto e poi la parola" allora automaticamente chiunque entrerà in quella Hashtag/canale vedrà la mia foto/post, ed è uno strumento potentissimo perché chi andrà a vedere l' Hashtag automobile ? un appassionato di auto, quindi è perfetto perché è targettizzato e mirato il potenziale pubblico.

Se noi pubblicassimo un post con su un Hashtag a caso come ad esempio #Fiore, e poi all'interno di quella Hashtag ci pubblichiamo una foto di un auto, quanti saranno interessati alle auto ? pochissime persone, chi va all'interno della Hashtag fiori, è interessato a vedere i fiori, per cui difficilmente avrai mi piace al post e seguaci, invece grazie al fatto che ci sono milioni di Hashtag tu puoi scegliere quello più idoneo a te, puoi addirittura crearne uno se non esiste.

Creare un Hashtag è semplice basta semplicemente il #EscrivereQuelloCheVuoi se quella Hashtag non esiste allora automaticamente si creerà tutto qui, molto semplice.

Chiaramente noi vogliamo avere più visibilità possibile, e come facciamo ad ottenera ? basta scegliere il giusto Hashtag ma soprattutto ne dobbiamo scegliere 20, esatto hai capito bene possiamo scegliere fino a 20 Hashtag per il nostro singolo post, quindi capite le potenzialità. E dico fino a 20 perché è il numero massimo che Instagram ad oggi consente, se ne mettiamo più di 20 non ce lo accetta.

Quindi dobbiamo scrivere una bella descrizione e poi gli Hashtag, ti faccio vedere un esempio di descrizione che si usa sotto un post instagram,

"

Ho pubblicato il mio nuovo libro, si intitola (Il segreto della legge di attrazione e l'approccio mentale) un libro dove ti svelerà il segreto più importante dell'universo quantistico, scaricalo qui in versione cartacea: https://amzn.to/2ugJPDS
.
.
.
.
.
.
.
.

#libro #libri #ilsegreto #LeggeDiAttrazione #LaLeggeDiAttrazione #lettura #letture #libriBelli #leggereQualcosa

"

Come puoi vedere questo è un esempio di come scrivere un post su Instagram, perché ho messo quei puntini che separano la descrizione dagli Hashtag ?

Perché a noi non interessa che l'utente del nostro post legga tutti i nostri Hashtag che abbiamo inserito ci interessa che appaia all'interno di quella Hashtag ma senza leggere tutti gli Hashtag inseriti, e mettendo quei puntini di sospensione andranno giù cosi' instagram te li nasconte, perché quando è un post lungo, instagram ti scrive clicca qui per continuare e ti taglia il testo, e cosi' facendo lasci la descrizione visibile e gli Hashtag no.

Un altro consiglio che voglio darti è per quanto riguarda i link, io ho condiviso ora con te il link del mio libro "il segreto della legge di attrazione e l'approccio mentale" ma come vedi ho usato uno short link, questo perché ?! perché il link che volevo condividerti era troppo lungo e ci sono molti siti che offrono questo servizio gratuitamente, ti accorciano il link, un altro aspetto importante di questo short link è questo: se tu stai leggendo questo libro in formato cartaceo, non puoi cliccare sul link, però essendo un link corto e ben visibile, puoi facilmente copiarlo sulla barra degli indirizzi del tuo browser ed accedere al libro, semplice e veloce.

Quindi ricapitolando, la cosa importante per arrivare a diventare un influencer è condividere almeno 1 post al giorno "se riesci a condividerne di più meglio" e soprattutto scegliere i giusti Hashtag e scrivere una bella descrizione, nei prossimi capitoli ti darò una lunga e completa lista di Hashtag più famosi nelle varie nicchie.

Un altro aspetto importante negli Hashtag è la popolarità, come vediamo se un Hashtag è popolare ? in base ai post che ci sono, quando su Instagram scriviamo l' Hashtag ci dice quanti post ci sono, e questo è fondamentale perché deve essere popolare l' Hashtag altrimenti il nostro post non lo vedrà nessuno.

Un'altra tecnica che viene utilizzata per creare follower, è mettere molti mi piace a post inerenti alle nostre nicchie per farsi notare, ed il così detto follow to follow,
ovvero seguiamo persone che hanno la stessa nostra nicchia per far si che lui ci segua ed anche i suoi seguaci, questa tenica non la consiglio molto, perché Instagram ti può bloccare temporaneamente la funziona di seguimi, perché nota un comportamento da Bot "ovvero da script che seguono automaticamente altre persone" e poi personalmente ho visto che è poco profittevole, per cui quello che consiglio è qualche like a foto inserenti alla nostra nicchia, e soprattutto condividere post 1 volta al giorno con la giusta descrizione ed i giusti Hashtag.

Un altro aspetto importante se vuoi creare un business con Instagram, è passare ad un profilo aziendale "non preoccuparti il profilo aziendale non implica ne partita iva ne società" ma semplicemente ti da dei strumenti in più come le statistiche delle visite e la possibilità di sponsorizzarsi, qui passiamo ad un altro metodo di crescita.

Infatti grazie alla sponsorizzazione noi possiamo pubblicizzare il nostro profilo o il nostro post targettizzando il nostro pubblico, oppure farlo fare in modo automatico in base a chi seguiamo "ecco perché è importante seguire chi è nella vostra nicchia", però questa sponsorizzazione si paga non è gratis, il costo non è tanto viene calcolato ogni visualizzazione del post, ed interazioni su di essa, ma se vogliamo avere un grande pubblico dovremmo investire abbastanza.

Non se se conosci Marco Montemagno, lui è l'esempio vivente di come crescere con i post sponsorizzati, lui infatti creava su face book video specifici, ad esempio, video sul marketing, allora pubblicizzava quel post targettizzando quel post sulle persone interessate all'argomento, ci ha speso davvero molto, e continua a farlo, però ha portato i suoi frutti, ora Marco monte magno è famoso, ha un sito internet, offre dei servizi interessanti, e guadagna, ma questo non perché gli è caduto dal cielo il metodo, perché lui con il suo lavoro sudore, ed il suo impegno ogni giorno l'ha creato, il segreto è la costanza, solo con essa potrai riuscire a diventare un influencer.

Quindi per concludere questo capitolo ti riassumo il segreto per diventare un influencer

1. Condividere almeno 1 post al giorno
2. Scrivere una bella descrizione
3. Scegliere 20 Hashtag e sceglierli giusti in base alla propria nicchia
4. Mettere like ai post inerenti alla nostra nicchia
5. Seguire qualcuno che è all'interno della nostra nicchia
6. Passare ad un profilo aziendale
7. Pubblicizzare a pagamento post diversi almeno 1 settimana al mese

Hashtag più famosi divisi per nicchie

-capitolo-
6

Come diventare un influencer Instagram, e guadagnare soldi. Il segreto

AUTO

#auto #car #cars #bmw #mercedes #audi #carporn #supercar #luxury #speed #carsofinstagram #instacar #supercars #m #ferrari #porsche #love #sportscar #instacars #amg #lamborghini #racing #drive #s #photography #nissan #carlifestyle #carswithoutlimits #automotive #bhfyp

#r #jdm #instagram #bmwm #bhfyp #follow #ford #toyota #instagood #f #e #automobile #tuning #turbo #exoticcars #motor #x #gtr #honda #style #music #art #luxurycars #cargram #autos #carstagram #vehicle #mercedesbenz #travel #drift

MOTO

#moto #motorcycle #yamaha #ktm #bike #honda #bikelife #motorbike #motocross #r #kawasaki #suzuki #biker #bmw #motolife #motorcycles #ducati #ride #instamoto #rr #motogp #enduro #motor #cbr #harleydavidson #bikersofinstagram #photography #mx #bikers #bhfyp

#moto #motorcycle #yamaha #ktm #bike #honda #bikelife #motorbike #motocross #r #kawasaki #suzuki #biker #bmw #motolife #motorcycles #ducati #ride #instamoto #rr #motogp #enduro #motor #cbr #harleydavidson #bikersofinstagram #photography #mx #bikers #bhfyp

Cristian Falconi

SELFIE

#selfie #like #follow #me #love #instagood
#photooftheday #happy #picoftheday #smile
#fashion #followme #cute #beautiful #instadaily
#style #girl #fun #photography #art #instalike #l #tbt
#instagram #friends #summer #life #fitness #myself
#bhfyp

#photo #likeforlike #igers #f #model #food #beauty
#likes #travel #repost #amazing #instamood #gym
#family #makeup #likeforlikes #gay #ootd #dog
#music #pic #boy #instaselfie #fit #hair #instapic
#bestoftheday #lifestyle #tagsforlikes #portrait

MONTAGNA

#montagna #mountain #neve #snow #mountains
#nature #italy #italia #landscape #winter #sky #ski
#photography #sci #picoftheday #travel #inverno
#natura #love #instagood #like #photooftheday
#sciare #dolomiti #skiing #ig #snowboard
#paesaggio #bhfyp #bhfyp

#natale #trekking #sunset #white #snowboarding
#trentino #alpi #panorama #photo #alps #montagne
#christmas #sun #dolomites #mare #igersitalia
#trentinoaltoadige #relax #tramonto #follow
#naturephotography #landscapephotography

#hiking #cielo #sport #lombardia #sole #instagram #valledaosta #piemonte

FOTOGRAFIA

#photography #photooftheday #instagood #photo #photographer #picoftheday #love #art #beautiful #fashion #instagram #follow #travel #style #instalike #beauty #instapic #travelphotography #nature #photoshoot #portrait #model #me #photos #happy #italy #men #lifestyle #makeup #fotografia

#fotografia #photography #foto #photo #photooftheday #a #photographer #love #nature #instagood #instagram #art #like #picoftheday #fotograf #o #canon #travel #follow #fotos #sky #arte #portrait #brasil #amor #nikon #fotografo #ig #landscape #bhfyp

#model #beautiful #photos #fashion #natureza #picture #pic #naturaleza #sol #sun #bhfyp #likeforlikes #blackandwhite #naturephotography #photoshoot #italia #sea #moda #me #likes #modelo #beach #insta #life #mar #photograph #instalike #selfie #instaphoto #followme

ART

#art #artist #love #beautiful #photooftheday #fashion #instagood #illustration #girl #design #photography #drawing #photo #artwork #draw #style #digitalart #picoftheday #travel #artoftheday #instaartist #instaart #painting #fun #smile #instadaily #portrait #cute #artsy #artistsoninstagram

#art #love #artist #instagood #like #photography #follow #drawing #photooftheday #fashion #beautiful #instagram #bhfyp #nature #fun #music #artwork #photo #cute #picoftheday #illustration #life #design #sketch #dog #style #painting #happy #travel #bhfyp

#funny #f #followme #draw #instaart #lol #arte #sad #digitalart #smile #girl #me #memes #friends #artistsoninstagram #hiphop #model #food #beauty #rap #meme #creative #instadaily #fitness #portrait #sky #photographer #selfie #comedy #fortnite

FASHON

#fashion #love #style #instagood #photography #photooftheday #beautiful #model #like4like #beauty #followme #girl #me #outfit #art #cute #instalike #moda #design #follow #tbt #makeup #ootd #shopping #dress #photo #girls #picoftheday #instadaily #jewelry

#fashon #love #art #travel #cat #likeforlike #beautiful #food #jazz #moscow #painting #whisky #soba #moga #disks #showa #lp #malt #bartender #otokomae #kitashinch #cd #kaiseki #osaka #dishes #bar #screen #ramen #wine #bhfyp

#style #photography #dise #follow #instagood #beauty #photo #fashionblogger #model #cute #life #fashion #tattoo #fashionstyle #swag #graffiti #world #drawing #graffitiart #fashiondiares #stylehasnosize #styliste #view #fashiondrawings #fashionblogg #lujoso #savage #luxuriouslifestyle #estilols #blackwoman

MAKEUP

#makeup #beauty #makeupartist #fashion #love #model #style #instagood #beautiful #photography #makeuplover #picoftheday #mua #makeupaddict #instagram #music #makeuptutorial #instafashion #cute #girl #follow #ootd #brows #instadaily #blackandwhite #followme #selfie #makeupobsessed #like #jeffreestar

#makeup #beauty #fashion #makeupartist #love #mua #like #follow #photography #model #art #style #instagood #hair #beautiful #makeuptutorial #girl #cute #instagram #selfie #photooftheday #me #l #f #ootd #photo #music #picoftheday #happy #bhfyp

#followme #eyeshadow #makeupaddict #cosmetics #hairstyle #makeuplover #lipstick #lashes #maquiagem #skincare #hudabeauty #wedding #life #likes #instamakeup #girls #anastasiabeverlyhills #pretty #smile #black #eyes #lips #likeforlikes #gym #pink #red #mac #blogger #travel #fashionblogger

CAPELLI

#hair #love #fashion #style #beauty #instagood #hairstyle #photooftheday #cute #beautiful #girl #swag #me #eyes #pretty #makeup #girls #picoftheday #haircut #follow #model #smile #followme #dress #stylish #pink #haircolor #photo #selfie #outfit

#capelli #hair #hairstyle #haircut #haircolor #parrucchiere #fashion #style #beauty #bellezza #parrucchieri #moda #barbershop #hairstylist #look #taglio #instahair #barber #like #tagliocapelli #colore #hairfashion #hairstyles #barba #italy #barbiere #milano #instagood #hairsalon #bhfyp

#man #makeup #capellicorti #hairdresser #love #capellilunghi #roma #balayage #longhair #capellibiondi #bhfyp #italia #capellisani #colorecapelli #benessere #girl #capelliricci #shatush #me #follow #acconciature #bellarteimmagine #vigevano #casorate #rosate #besate #bereguardo #haircare #donna #blondehair

Cristian Falconi

GIOIELLI

#jewelry #fashion #style #earrings #love #pretty #beautiful #instagood #cute #stylish #accessories #shopping #football #chokers #teluguwedding #beauty #bracelets #silver #outfit #photooftheday #design #necklace #model #purse #ring #instagram #gold #girl #autumn #incredible

#gioielli #jewelry #jewels #handmade #fashion #argento #bijoux #madeinitaly #jewellery #orecchini #moda #gioielliartigianali #love #collana #gioielleria #oro #gold #earrings #silver #accessori #necklace #ring #style #bracciale #anello #fattoamano #bracciali #diamanti #like #bhfyp

#bracelet #jewelrydesign #collane #art #milano #artigianato #italia #luxury #anelli #shopping #jewelrygram #design #sanvalentino #handmadejewelry #gioiellifattiamano #fashionblogger #italy #instajewelry #jewel #follow #glamour #gioielliunici #ciondolo #glam #gioiello #orologi #amore #arte #gioiellipersonalizzati #jewelryaddict

UNGHIE

#unghie #nails #nailart #gel #unghiegel #manicure #nail #gelnails #semipermanente #ricostruzioneunghie #beauty #estetica #bellezza #love #onicotecnica #unghiemania #estetista #passioneunghie #nailsart #makeup #smalto #u #instanails #like #as #benessere #nailpolish #glitter #pedicure #bhfyp

#naildesign #nailswag #fashion #unghiebelle #follow #followme #instagood #bhfyp #capelli #smaltosemipermanente #curadelcorpo #nailstagram #mani #glitternails #viso #italia #acrygel #unghiette #centroestetico #mascara #art #lovenails #nailsgel #nailsalon #ciglia #massaggi #trucco #unghierosse #gelpolish #roma

TATTOO

#tattoo #ink #tattoos #likeforfollow #inked #tattooed #nice #instagood #followforfollowback #picoftheday #workout #art #friends #love #happybirthday #instagay #sweet #pic #photooftheday #lol #dance #photo #usa #foodporn #blackandgrey #fashion #babygirl #travel #instagram #inkedgirls

#tatoo #art #tattoo #love #instagood #fitness
#instagram #model #tattoos #fashion #style
#picoftheday #music #followme #beauty #makeup
#summer #life #cute #like #man
#followforfollowback #instadaily #ink #woman
#followers #ootd #french #couple #bhfyp

#healthy #christmas #sexy #queen #goal
#photography #blackandwhite #follow #girl #artist
#me #drawing #tatouage #tatuagem #tattooed
#tattooartist #arte #tatuajes #photo #fit #selfie
#tattooideas #photooftheday #tatoogirl #gym
#tattooist #beard #black #gay #artwork

BRACE

#brace #carne #food #foodporn #bbq #braceria
#ristorante #frollatura #napoli #fuoco #cena
#grigliata #steak #dental #italianfood #marezzatura
#meat #dinner #meatlover #health #instagood
#scottona #grill #foodblogger #implants #italy #chef
#bedandbreakfast #instafood #bhfyp

#pizza #bisteccafiorentina #foodie #cibo #lifting
#southkorea #carneallabrace #aid #manzo #vino
#healthcare #bhfyp #medicalassist #medicalbrace
#athlete #help #scoliosis #beef #training #salsiccia
#hospital #foodphotography #nola #support #fitness
#orthosis #foodgasm #healthy #cimitile #fiorentina

SNEAKER

#sneaker #fashion #shoes #sneakers #slipper #sneakerlife #sportshoes #womenshoes #menshoes #manshoes #highheels #sportsshoes #zapatosmujer #shoeslove #shoeslover #bota #womanshoes #zapatos #zapatosdeportivos #zapatillas #highheelshoes #zapatos_tacones #tacones #slippers #sneakershop #shoeshine #shoestyle #heels #highheelslover #botas

#sneaker #sneakers #nike #sneakerhead #kicks #shoes #fashion #jordan #adidas #sneakerheads #yeezy #airmax #nicekicks #kickstagram #hypebeast #airjordan #solecollector #instakicks #style #sneakerholics #shoe #igsneakercommunity #streetwear #supreme #sneakernews #kicksonfire #sneakerporn #instashoes #vans #bhfyp

#jordans #instagood #like #puma #gucci #offwhite #ootd #sneakerfreak #soleonfire #photooftheday #sneakerfiend #streetstyle #hype #sneakeraddict #shoeporn #yeezyboost #sale #clothing #follow #swag #peepmysneaks #newbalance #kicksoftheday #shoegasm #nikeairmax #sneakerfreaker #asics #flykicks #walklikeus #watches

FITNESS

#fitness #fit #motivation #gym #fitnessmotivation #workout #style #bodybuilding #life #instagood #health #training #fashion #model #love #photooftheday #lifestyle #gymmotivation #instagram #healthy #strong #exercise #fitfam #beauty #fitnessaddict #photo #girls #instafit #fitspo #cardio

#fitness #gym #fit #workout #motivation #bodybuilding #fitnessmotivation #love #instagood #training #fitfam #health #follow #lifestyle #like #healthy #gymlife #muscle #fashion #fitnessmodel #photooftheday #fitspo #life #photography #art #style #model #strong #sport #bhfyp

#abs #exercise #cardio #instafit #happy #instagram #diet #gymmotivation #body #beautiful #picoftheday #bhfyp #music #goals #selfie #crossfit #travel #food #beauty #fun #healthylifestyle #eatclean #f #gains #fitnessgirl #me #followme #inspiration #weightloss #nutrition

MOTIVAZIONE

#motivation #inspiration #fitness
#womenempowerment #gym #encouragement
#inspire #fit #workout #training #dailymotivation
#lifestyle #love #christianinspiration #bodybuilding
#healthy #health #instagood #gymlife #life #fitspo
#eatclean #fitnessaddict #fitfam #strong
#fitnessmodel #success #sport #diet #entrepreneur

#motivazione #motivation #like #crescitapersonale
#successo #fitness #follow #benessere #citazioni
#frasi #allenamento #ispirazione #felicit #obiettivi
#vita #amore #palestra #business #crescita
#instagood #aforismi #bhfyp #love #ottimismo
#pensieri #gym #cambiamento #coraggio #sport
#bhfyp

#autostima #italia #life #me #frasimotivazionali
#picoftheday #determinazione #frasedelgiorno
#workout #psicologia #imprenditore #soldi #sogni
#dieta #quotes #salute #happiness #instalike
#lavoro #muscoli #obiettivo #fitnessmotivation
#instagram #bodybuilding #mindset #fit #followme
#coaching #training #risultati

BODYBUILDING

#bodybuilding #fitness #workout #gym #fit #training #fitnessmotivation #motivation #muscle #fitfam #fitspo #health #fitnessmodel #strong #lifestyle #gymlife #gains #abs #instagood #instafit #healthy #gymmotivation #lifting #academia #shredded #bodybuilder #powerlifting #eatclean #crossfit #love

#bodybuilding #fitness #gym #workout #motivation #fit #fitnessmotivation #muscle #fitfam #training #gymlife #fitnessmodel #health #fitspo #healthy #lifestyle #strong #instagood #fitnessaddict #abs #bodybuilder #diet #cardio #body #exercise #gains #eatclean #instafit #gymmotivation #bhfyp

#love #photooftheday #train #getfit #physique #like #follow #determination #crossfit #cleaneating #active #instahealth #powerlifting #model #muscles #nutrition #sport #life #healthychoices #beastmode #fashion #strength #goals #nopainnogain #personaltrainer #fitlife #bodybuildingmotivation #gymrat #gymtime #transformation

Come diventare un influencer Instagram, e guadagnare soldi. Il segreto

CORSA

#running #run #runner #marathon #fitness #trailrunning #runners #gym #runnersofinstagram #instarunner #training #amor #bike #runchat #swim #swimming #triathlon #runningmotivation #runningman #marathontraining #garmin #trail #instarunners #swimbikerun #workout #delivery #travel #newyork #instarun #strava

#corsa #opel #vauxhall #running #opc #run #vxr #corsad #opelcorsa #sport #car #cars #correre #runner #mustang #turbo #vauxhallcorsa #astra #runners #fitness #corsavxr #corsaduk #ford #s #allenamento #like #gsi #race #vxronline #bhfyp

#c #stance #follow #ardenblue #gt #carsofinstagram #vxrlife #insignia #marathon #italia #photography #k #racing #atletica #vxracing #tuning #slammed #instarun #podismo #photo #corsadvxr #instalike #workout #bmw #supercars #carporn #cdeuk #boost #instarunner #vxrowners

BALLO

#dance #dancer #love #music #dancing #dancers #explorepage #cute #selfie #beautiful #fun #like #fitnessgirl #fashion #party #fitness #happy #dj #smile #dancedance #fit #HMDCSENIOR #amazing #girl #model #nightlife #me #techno #art #dancelife

#ballo #dance #danza #bachata #dancer #like #salsa #amici #ballerina #musica #music #kizomba #l #latinoamericano #danzamoderna #ballare #italia #ballerino #instagood #danzaclassica #dj #dancers #salsacubana #love #ballet #milano #tangoargentino #dancing #divertimento #bhfyp

#italy #scarpedaballo #likeforlike #fitness #reggaeton #passion #zumba #spettacolo #night #zumbafitness #madeinitaly #latindisco #urban #specialshow #chiaragraphicvideos #lfl #portrait #bachatasensual #flyer #graphic #instalike #salsaportoricana #tango #locale #beautiful #moderndance #scuoladiballo #dicembre #bailar #latino

GINNASTICA

#gymnastics #gym #gymmotivation #gymnast
#fitness #fitnessmotivation #gymlife #workout
#motivation #fitnessmodel #training #fit #love
#gymtime #gymshark #healthy #gymnastic #crossfit
#bodybuilding #handstand #muscle #gymnasts
#health #lifestyle #dancer #flexible #dance
#instagram #flexibility #flip

#ginnastica #gym #fitness #gymnastics #sport
#palestra #ginnasticaartistica #training
#allenamento #gymnastique #posturale
#artisticgymnastics #benessere #ginnasticaritmica
#calisthenics #salute #gymlife #handstand
#corpolibero #workout #ritmica #wellness #love
#rhythmicgymnastics #pilates #dieta #gymnastic
#team #gambe #bhfyp

#gin #gymnasticslife #turnen #corpo
#gymnasticbodies #acro #gogat #champion
#gymnast #modernjazz #gymphoto #life
#gaylordlemotivator #pomezia #gat
#gymactionteam #acrobat #ginnasticapomezia
#acrobatic #acrobatics #danza #danzaclassica
#gymnasticsshoutouts #roma #lovegymnastics
#fischelnersv #deutscherturnerbund #milano
#rheinischerturnerbund #osprheinland

Cristian Falconi

CALCIO

#football #soccer #championsleague #sport
#premierleague #futbol #love #messi #nike
#barcelona #boxing #league2 #coupe #league1
#Vip45 #quattro #championship #s5 #realmadrid
#Football #audi #f1 #ronaldo #rugby #golf
#conference #vip #fifa #sports #like

#calcio #football #soccer #seriea #sport #futbol
#italia #like #juventus #follow #milan
#championsleague #italy #napoli #inter #serieatim
#roma #acmilan #calciomercato #f #asroma
#milano #futebol #cr #love #instagood #juve
#fantacalcio #goal #bhfyp

#premierleague #picoftheday #calciatoribrutti
#instagram #fifa #fussball #ronaldo #betting
#scommessesportive #scommesse #meme
#photooftheday #cristianoronaldo #sports #calcetto
#campionato #ball #rossoneri #lazio #sansiro
#likeforlikes #scommessevincenti #followme
#pronostici #gol #icardi #bhfyp #messi
#calcioitaliano #memes

CIBO

#food #instagood #love #instadaily #smile #picoftheday #photooftheday #followme #follow #foodporn #like4like #foodie #instalike #amazing #bestoftheday #girl #style #follow4follow #instacool #instafollow #igers #instago #colorful #fun #swag #all_shots #iphoneonly #look #tweegram #webstagram

#cibo #food #foodporn #foodblogger #instafood #cucina #foodie #foodlover #instagood #delicious #italianfood #cucinaitaliana #ciboitaliano #italy #cooking #italia #eat #foodphotography #love #pranzo #cibosano #yummy #dinner #foodblog #like #cena #foodstagram #foodpic #mangiaresano #bhfyp

#healthyfood #pasta #foodgasm #lunch #dieta #homemade #eating #mangiare #chef #picoftheday #ristorante #foodpics #foodart #breakfast #foodaddict #dessert #salute #fashionfood #fitness #bhfyp #cucinare #alimentazione #mangiarebene #benessere #dolci #follow #alimentazionesana #ricette #buonappetito #pizza

LIFESTYLE

#lifestyle #photooftheday #photography #fitness #motivation #fashion #instagood #love #style #ootd #picoftheday #muscle #gym #fit #model #art #beautiful #eatclean #tattoo #diet #fashionblogger #travel #instagram #bodybuilding #health #cute #gymlife #beauty #girl #fitfam

#lifestyle #fitness #motivation #love #instagood #gym #life #fit #fashion #like #workout #photooftheday #photography #follow #health #style #bodybuilding #healthy #training #instagram #art #happy #travel #fitspo #inspiration #fitnessmodel #picoftheday #strong #fitnessmotivation #bhfyp

#cardio #fitnessaddict #muscle #fitfam #eatclean #beautiful #gymlife #model #exercise #bhfyp #luxury #music #beauty #nature #me #success #fun #entrepreneur #photo #getfit #active #determination #goals #train #followme #instafit #smile #cleaneating #f #instadaily

Come diventare un influencer Instagram, e guadagnare soldi. Il segreto

MONEY

#money #love #business #success #lifestyle #entrepreneur #motivation #cars #millionaire #car #beautiful #rich #fitness #follow #instagood #art #luxury #mindset #hustle #startup #like #inspiration #sky #luxurylifestyle #businessman #finance #marketing #photooftheday #tattoo #picoftheday

#money #business #entrepreneur #success #love #motivation #luxury #wealth #bitcoin #millionaire #forex #rich #like #lifestyle #cash #hustle #follow #instagood #music #inspiration #life #investment #goals #finance #fashion #entrepreneurship #cryptocurrency #invest #investing #bhfyp

#trading #art #rap #startup #luxurylifestyle #hiphop #billionaire #instagram #bhfyp #work #crypto #happy #investor #grind #makemoney #fitness #motivationalquotes #usa #financialfreedom #blockchain #quotes #trader #forextrader #mindset #wallstreet #travel #realestate #stocks #boss #car

Cristian Falconi

MARE

#sea #nature #travel #photography #beach #ocean #photooftheday #instagood #sky #love #travelphotography #beautiful #picoftheday #sunset #landscape #instagram #wanderlust #summer #photo #instatravel #follow #sun #fun #life #art #trip #ship #travelgram #paradise #blue

#mare #sea #italia #italy #sunset #nature #sky #love #travel #photography #sun #sole #picoftheday #instagood #landscape #ig #beach #photooftheday #spiaggia #like #tramonto #instagram #follow #photo #natura #summer #estate #beautiful #puglia #bhfyp

#relax #igersitalia #sicilia #sardegna #winter #instalike #napoli #vacanze #clouds #me #sicily #liguria #panorama #viaggiare #amore #maredinverno #paesaggio #foto #nuvole #bhfyp #amazing #sardinia #holiday #seaside #fotografia #inverno #followme #horse #art #blue

Conclusioni

-capitolo-
7

Siamo giunti alla conclusione, ricapitoliamo il segreto per diventare Influencer:

1. Condividere almeno 1 post al giorno
2. Scrivere una bella descrizione
3. Scegliere 20 Hashtag e sceglierli giusti in base alla propria nicchia
4. Mettere like ai post inerenti alla nostra nicchia
5. Seguire qualcuno che è all'interno della nostra nicchia
6. Passare ad un profilo aziendale
7. Pubblicizzare a pagamento post diversi almeno 1 settimana al mese

All'inizio sicuramente sarà faticoso perché comunque non ricevete denaro, per cui è importante scegliere una nicchia che a voi interessa e che piace, per rendere l'inizio più piacevole, ma puntate sempre l'obiettivo, e pensa che la fatica ti ripagherà con il tempo.

Cerca altri titoli scritti dall'autore Cristian Falconi.

Cerca su amazon nel Kindle Store, Cristian Falconi, per trovare tutti i suoi libri.

Fine

Cristian Falconi

Copyright © 2019 Cristian Falconi

Tutti i diritti riservati

www.ingramcontent.com/pod-product-compliance
Lightning Source LLC
Chambersburg PA
CBHW021932170526
45157CB00005B/2297